머리말

한글은 소리글자(표음문자)인 관계로 배우기 쉬울 것 같지만, 어떻게 보면 뜻글자 보다 더 어려운 점이 있다. 왜냐하면 아무 뜻도 없는 글자를 무조건(?)외워야 되는 일이 첫번째 관문이기 때문이다.

예를 든다면, 'ㅊ'은 왜 '치읓'이라고 읽으며, 왜 그런 모양으로 쓰느냐는 어린이들의 질문에 어떻게 대답해야만 될까?

필자는 이 점에 많은 관심을 가지고 일선 교육기관에서의 20여년간의 경험을 바탕으로 한글 공부에 조금이나마 보탬이 되고자 다음과 같은 점에 심혈을 기울여 이 책을 엮게 되었다.

① 소리글자의 특징을 살려 많이 읽고 쓰도록 했으며, 상권(자음, 모음, 받침없는 글자), 중권(기초 받침글자), 하권(어려운 받침글자)으로 엮어 권당 1일 1장씩 3개월 완성으로 만들었으며, 마지막 '완성편'은 이중자음 모음에 복음받침으로 된 최고수준으로 경필쓰기를 겸하도록 엮었다.
② 초등학생 1~3학년용 10칸짜리 공책 규격에 맞춤으로써 별도의 공책을 사용하지 않아도 좋게 했다.
③ 교육부 고시 '한글 맞춤법' '표준어 규정' '외래어 표기법'에 따라 정확한 내용으로 엮었다.
④ 뜻 없는 소리글자 한글에 뜻 있는 내용이 연상되도록 연상기억법을 접목시켜서 기억량과 속도가 증진되도록 엮었다.
⑤ 학습심리의 망각곡선을 고려하여 2~3일 후에는 반드시 복습이 되도록 엮었다.
⑥ 가능한 한 외래어 사용을 피했지만 부득이한 경우는 교육부 고시 '외래어 표기법'에 따라 정확하게 표기했다.
⑦ 어린이들에게 친근한 낱말을 사용했지만, 해당 글자를 가르치기 위하여 어쩔 수 없이 사용한 낯선 낱말은 자세한 풀이를 해 두어 지도하기 쉽게 했다.

그러나 본래 별 능력도 없으면서 그저 잘 써보겠다는 욕심 하나로 이 책을 시작한 관계로 많은 곳에서 내용의 부족함이 발견되리라 생각되지만, 이는 많은 분들의 충고를 받아들여 다시금 보완할 것을 약속하는 것으로 이에 대한 책임을 지고자 한다.

또한, 이 책을 쓰는데는 다음의 값진 도서 이외에도 많은 도서와 자료의 도움을 받았음을 밝히며, 감사의 뜻을 드린다.

- '한글 맞춤법' '표준어 규정' '외래어 표기법' (교육부 고시)
- 새한글 맞춤법 및 용례집 (도서출판 이사야법조각)
- 동아 새국어 사전 (동아출판사)
- 뉴에이지 새국어 사전 (교학사)
- 현대 국어 대사전 (한서출판)
- VIP 중앙 대백과 (중앙일보사)
- 학생 대백과 사전 (중앙문화사)
- 새생활 대백과 사전 (서문당)

끝으로 이 책의 출간을 맡아주신 지능교육 관계자 모든 분들과 내용을 바로 잡는데 도움을 주신 여러분들께 깊은 감사를 드린다.

선생님 페이지

◎ 받침글자를 지도하기 앞서

① 받침 없는 글자를 완전히 터득했는지 확인한다.
② 한글 '가갸표'를 반복하여 읽게 한다.
③ '가갸표'를 거꾸로 읽을 수 있도록 지도한다.

◎ 받침글자를 지도하는 요령

① 닿소리 14자의 끝소리를 정확하게 알게한다.
　㉠ 'ㄴ'은 '니은'으로 소리나며 그 끝소리가 '은'으로 끝난다는 사실을 아이들이 느끼도록 도와준다. (ㄹ은 '을', ㅁ은 '음', ㅂ은 '읍' 따위.)
② 받침 없는 글자에 받침으로 사용되는 닿소리의 끝소리를 붙여서 읽게 한다.

> ㉠ '간들'이라는 단어를 가르칠 때,
> 가 + ㄴ : (가 + 은) → (가은) → 간 (빨리 읽으면)
> 드 + ㄹ : (드 + 을) → (드을) → 들 (빨리 읽으면)

③ '간'이라는 받침글자를 읽지 못할 때는 받침을 가리고 '가'자를 먼저 읽게 한 후, 받침의 끝소리 '은'을 이어서 읽는 연습을 반복한다.
④ 어느 정도 읽을수 있게 되면 '간들'을 '가은드을'로, 즉 2음절을 4음절로 읽는 습관이 생기지 않도록 이 방법의 사용을 피한다.
⑤ 닿소리 14자 중 'ㄱ'의 끝소리 '역'과 'ㅅ'의 끝소리 '옷'은 각각 '윽'과 '읏'으로 맞추어 읽을 수 있도록 특별히 지도한다. (정확한 끝소리는 아니지만 가장 가까운 소리이기 때문에.)

ㄲ	ㄸ	ㅃ	ㅆ	ㅉ
쌍기역	쌍디귿	쌍비읍	쌍시옷	쌍지읒

ㄲ	ㄲ	ㄸ	ㄸ	ㅃ	ㅃ	ㅆ	ㅆ	ㅉ	ㅉ
ㄲ	ㄲ	ㄸ	ㄸ	ㅃ	ㅃ	ㅆ	ㅆ	ㅉ	ㅉ

- 까치 : 날개 길이 20~22cm, 꽁지길이 24cm가량인 텃새로 아침에 이 새가 울면 반가운 손님이 온다는 속설이 있음.

- 꺼무튀튀 : 탁하고 거칠게 꺼무스름한 빛깔.

까	꺼	꼬	꾸	끄	끼
까	꺼	꼬	꾸	끄	끼

까치꼬리

까치꼬리

꺼무튀튀

● 까마귀 : 날개 길이 35cm정도로 온몸이 검고 윤기가 남. 어미에게 먹이를 물어다 준다하여 효조라 불리기도 하나 울음소리가 흉하여 흉조로 침

● 꾸러미 : ① 꾸리어 뭉치거나 싼 물건. ② 짚으로 길게 묶어 중간중간을 동여맨것. ③ 물건의 꾸러미를 세는 단위.(달걀 한 꾸러미.)

까마귀 꺼지다 꼬부리다

꼬마 꾸러미 끼우다

● 따따부따 : 딱딱한 말로 이러쿵저러쿵 따지는 모습.(왜 남의 일에 따따부따하는 거야?)

따	떠	또	뚜	뜨	띠
따	떠	또	뚜	뜨	띠

따	다	뜨	다
따	다	뜨	다

따	따	부	따
따	따	부	따

● 떠세 : (세력이나 돈을 믿고) 잘난체하며 억지를 쓰는 짓.(양반 떠세 좀 그만해라.)

● 띠다 : ① 띠를 감거나 두르다. ② 물건을 지니다. ③ 용무나 사명을 가지다.

따라가자   떠세   띠다

따라가자   떠세   띠다

떠꺼머리   뜨거워지다

떠꺼머리   뜨거워지다

● 떠꺼머리 : 결혼할 나이가 넘은 처녀·총각의 땋아 늘인 긴 머리.(떠꺼머리 총각신세.)

● 빠뜨리다 : ① 갖추어야 할 것을 실수로 빼놓다. ② 지녔던 것을 잃어버리다. ③ (어떤 장소나 상태에)빠지게하다.(함정에 빠뜨리다.)

빠	뻐	뽀	뿌	쁘	삐
빠	뻐	뽀	뿌	쁘	삐

빠개지다

빠개지다

빠뜨리다

빠뜨리다

- 빠르기표 : 악곡의 빠르기를 나타내는 속도기호로, 표시법은 메트로놈에 의한 1분간의 박자수를 기준으로 하는 음표로 표시함.(♩=88 등)
- 삐다 : 뼈마디가 접질려서 어긋나다(손목을 삐다.)

빠	르	기	표		뽀	뽀		뿌	리
빠	르	기	표		뽀	뽀		뿌	리

뻐	꾸	기		삐	다		삐	뚜	로
뻐	꾸	기		삐	다		삐	뚜	로

● 쏘다니다 : 분주하게 여기저기 마구 돌아다니다.(온종일 거리를 쏘다니다.)

| 싸 | 써 | 쏘 | 쑤 | 쓰 | 씨 |

| 쓰 | 개 | 치 | 마 |

| 쏘 | 다 | 니 | 다 |

● 써레 : 갈아 놓은 논밭의 바닥을 고르는데 쓰는 농구로서 소나 말이 끔.

● 쏘시개 : (장작을 때거나 숯불을 피울 때)불을 옮겨 붙이기 위하여 먼저 쓰는 잎나무나 관솔따위를 말하는 불쏘시개의 준말.

| 써레 | 쓰레기 | 쏘시개 |
| 써레 | 쓰레기 | 쏘시개 |

| 쏘가리 | 쑤시다 | 싸다 |
| 쏘가리 | 쑤시다 | 싸다 |

● 쏘가리 : 길이 40~50cm의 입이 크고 길고 납작한 민물고기로 무늬가 아름답고 맛이 좋음. 우리 나라에는 한강과 대동강의 중·상류에 많음.

● 찌르레기 : 몸길이 13cm정도의 암회색으로 인가 근처의 숲속이나 돌 틈에 집을 짓고 해충을 잡아 먹는 익조임.

짜 쩌 쪼 쭈 쯔 찌
짜 쩌 쪼 쭈 쯔 찌

쪼그리다
쪼그리다

찌르레기
찌르레기

- 쩨쩨 : ① 자꾸 혀를 차는 소리 ② 소를 왼쪽으로 몰 때 하는 소리.
- 쪼르르 : <조르르>의 센 말. ① 가는 물줄기 따위가 좁은 구멍이나 면을 잇달아 흐르는 소리나 모양. ② 종종걸음으로 뒤따르는 모양.

짜디짜다 쩨쩨 쪼다

쪼르르 찌그러뜨리다

● 꼬꾸라뜨리다 : <꼬꾸라뜨리다>의 센말로 고꾸라져 쓰러지게하다.
● 끄르다 : ① 매거나 맺은 것을 풀다. ② 잠근 것을 풀어서 열다.(단추를 끄르다)

까	꺄	꺼	껴	꼬	꾜	꾸	뀨	끄	끼
까	꺄	꺼	껴	꼬	꾜	꾸	뀨	끄	끼

꼬	꾸	라	뜨	리	다		끄	르	다
꼬	꾸	라	뜨	리	다		끄	르	다

- 따귀 : 얼굴의 양옆에 살이 도독한 부분을 말하는 뺨의 다른 말로 뺨따귀의 준말.
- 떠버리 : '항상 시끄럽게 떠벌리는 사람'을 이르는 말.

따	땨	떠	뗘	또	뚀	뚜	뜌	뜨	띠
따	땨	떠	뗘	또	뚀	뚜	뜌	뜨	띠

따	귀		떠	버	리		뜨	내	기
따	귀		떠	버	리		뜨	내	기

- 뜨내기 : ① 정착하지 못하고 떠돌아다니는 사람. ② 가끔 한번씩 하게 되는 일(뜨내기 일감)

- 뻐기다 : 으스대며 젠체하고 뽐내다.
- 뽀루지 : 뽀족하게 부어 오른 작은 부스럼. 뽀두라지.
- 삐삐 : 비틀리도록 바싹 여윈 모양.

빠	뺘	뻐	뼈	뽀	뾰	뿌	쀼	쁘	삐
빠	뺘	뻐	뼈	뽀	뾰	뿌	쀼	쁘	삐

뻐	기	다		뽀	루	지		삐	삐
뻐	기	다		뽀	루	지		삐	삐

● 싸바르다 : 전체를 골고루 다 바르다.

싸	쌰	써	쎠	쏘	쑈	쑤	쓔	쓰	씨
싸	쌰	써	쎠	쏘	쑈	쑤	쓔	쓰	씨

싸바르다　쓰러뜨리다

싸바르다　쓰러뜨리다

● 짜부라지다 : ① 물체가 오목하게 짜그라지다.
② 아주 생기가 없어지다.

짜 쨔 쩌 쪄 쪼 쬬 쭈 쮸 쯔 찌

짜부라지다   찌푸리다

◎ 2쪽의 '선생님 페이지'를 읽어 보신 후 지도해 주세요. ◎

각	각									
낙	낙									
닥	닥									
락	락									
막	막									
박	박									
삭	삭									
악	악									
작	작									
착	착									
칵	칵									
탁	탁									
팍	팍									
학	학									

- 닥나무 : 높이 3m가량의 낙엽 활엽 관목으로 산기슭이나 밭둑에 저절로 나거나 재배도 함. 나무 껍질은 한지의 원료가 되고 열매는 한약재로 쓰임.
- 각막 : 눈알 바깥벽의 앞쪽에 있는 둥근 접시 모양의 투명한 막.

각목 낙타 닥나무 막대기

각목 낙타 닥나무 막대기

각막 낙서 닥지닥지

각막 낙서 닥지닥지

- 닥지닥지 : 때나 먼지 같은 것이 겹겹이 두껍게 끼거나 묻어 있는 모양.

- 각서 : ① 상대방에게 약속하는 내용을 적어 주는 문서. ② 상대방에게 권할 의견·희망 따위를 적은 간단한 문서.

- 낙낙하다 : 어떤 기준에 차고도 남음이 있다. (옷을 좀 낙낙하게 지었다.)

각	서	각	자	낙	낙	하	다
각	서	각	자	낙	낙	하	다

낙	뢰	낙	지	막	다	르	다
낙	뢰	낙	지	막	다	르	다

- 낙뢰 : 벼락이 떨어짐. 벼락.

- 막다르다 : 더 나아갈 수 없게 막히거나 끊겨있다.

● 삭도 : 공중에 걸린 강철선에 차량을 매달아 사람이나 짐을 나르는 설비. 가공케이블. 고가삭도. 공중삭도를 이르는 가공삭도의 준말.

● 악바리 : ① 성미가 깔깔하고 고집이 세며 모진데가 있는 사람. ② 지나치게 똑똑하고 영악한 사람.

박수	삭도	악어	작약	착지
박수	삭도	악어	작약	착지

박치기	악바리	착취
박치기	악바리	착취

● 착취 : ① 자본가나 지주가 근로자, 농민에게 싼 임금을 주며 그 이익의 대부분을 차지하는 일. ② (즙 따위를)짜냄.

- 박자 : ① 음악에서 리듬의 바탕으로 센박과 여린박이 규칙적으로 되풀이 되는 음악적 시간의 기본 단위. ② 음악이나 춤의 가락을 돕는 장단.
- 박사 : ① 대학원 박사과정을 졸업하고 학위 논문의 심사와 시험에 합격한 사람에게 주는 학위. ② 널리 아는 것이 많은 사람을 비유하는 말.

| 박 | 자 | | 박 | 사 | | 박 | 테 | 리 | 아 |

| 삭 | 제 | | 악 | 착 | 배 | 기 | | 착 | 각 |

- 박테리아 : 식물에 속하는 미세한 단세포 생물인 세균을 말하며, 다른 것에 기생하여 발효나 부패를 일으키고 병원(病原)이 되는 것도 있음.
- 악착배기 : 몹시 악착스러운 아이
- 착각 : 실제와 다른 것을 실제처럼 생각하거나 느끼는 것.

● 팍삭 : ① 맥없이 주저앉는 모양 ② 부피가 앙상하고 메마른 물건이 부드럽게 가라앉거나 쉽게 부서지는 모양이나 소리.

● 팍팍하다 : 가루 따위가 물기가 없이 몹시 메마르고 보슬보슬하다.(삶은 달걀을 물 없이 먹으려니 몹시 팍팍하구나.)

칵	칵	대	다	탁	자	팍	삭	학	교
칵	칵	대	다	탁	자	팍	삭	학	교
탁	류		팍	팍	하	다		학	대
탁	류		팍	팍	하	다		학	대

● 탁류 : ① 흐린 물줄기 ② '나쁜 풍조' 또는 '무뢰배'를 비유하는 말

● 학제 : 학교 또는 교육에 관한 제도　　● 학수고대 : (학처럼 목을 빼고)몹시 기다림.

| 탁아소 | 탁구 | 탁하다 |
| 탁아소 | 탁구 | 탁하다 |

| 팍팍 | 학제 | 학수고대 |
| 팍팍 | 학제 | 학수고대 |

락	락								
악	악								
막	막								
착	착								
각	각								
학	학								
삭	삭								
탁	탁								
닥	닥								
팍	팍								
박	박								
칵	칵								
작	작								
낙	낙								

◎ 2쪽의 '선생님 페이지'를 읽어 보신 후 지도해 주세요. ◎

격	격							
넉	넉							
덕	덕							
럭	럭							
먹	먹							
벅	벅							
석	석							
억	억							
적	적							
척	척							
컥	컥							
턱	턱							
퍽	퍽							
헉	헉							

- 넉가래 : 넓적한 나무판에 긴 자루가 달린 기구.(곡식이나 눈 따위를 밀어 모으는데 쓰임.)
- 덕석 : 추울때 소의 등을 덮어주는 멍석.
- 먹사과 : 껍질이 검푸르며 달고 맛이 뛰어난 참외의 한가지.
- 넉자바기 : 네 글자로 된 말마디나 시문.

넉가래 덕석 럭비 먹사과

넉자바기 럭스 먹새

- 럭스 : 조명도의 단위. 1럭스는 1촉광의 광원으로부터 1m거리에 있는 1m²의 표면의 조명도.(Lx).
- 먹새 : 음식을 먹는 태도인 먹음새의 준말.

- 주걱턱 : 주걱처럼 길고 끝이 밖으로 굽어진 모양의 턱.
- 덕의 : ① 사람이 마땅히 지켜야 할 도덕과 의리. ② 덕성과 신의.

주	걱	턱		넉	넉	히		덕	의
주	걱	턱		넉	넉	히		덕	의

그	럭	저	럭		먹	이		먹	다
그	럭	저	럭		먹	이		먹	다

- 벅적벅적 : 사람들이 많이 모여 수선스럽게 들끓는 모양.
- 벅차다 : ① 힘에 겹다. 정도가 넘어 감당하기 어렵다. ② 넘칠 듯이 가득하다. (생각, 느낌 등)

| 벅 | 적 | 벅 | 적 | 석 | 쇠 | 구 | 이 | 억 | 새 |
| 벅 | 적 | 벅 | 적 | 석 | 쇠 | 구 | 이 | 억 | 새 |

벅차다　　석유　　억류자
벅차다　　석유　　억류자

- 억류자 : 강제로 붙잡아 둔 사람.

- 벅벅 : 몹시 힘써 우기는 모양.
- 석가모니: 불교의 개조로서 세계 4대 성인의 한 사람.
- 석패 : 매우 근소한 차이로 아깝게 짐.
- 억척꾸러기 : 매우 억척스러운 사람.

벅	벅		석	가	모	니		석	패
벅	벅		석	가	모	니		석	패
억	척	꾸	러	기		억	지	쓰	다
억	척	꾸	러	기		억	지	쓰	다

- 억지쓰다 : 무턱대고 잘 되지 않을 일을 무리하게 해내려는 고집을 부리다.

- 적토마 : 중국 삼국시대에 위나라의 여포가 타던 준마로 뒤에는 촉한의 관우가 탐.
- 척사대회 : 윷놀이 대회
- 적재적소 : 알맞은 재능을 가진 자에게 알맞은 임무를 맡기는일.
- 척박 : 땅이 메마르고 거침.

- 퍽석 : 맥없이 주저앉는 모양.

● 척척 : ① 행진에서 발걸음이 잘 맞는 모양. ② 가지런히 여러번 접는 모양. ③ 차지게 자꾸 달라 붙는 모양.

● 퍽퍽하다 : 가루 따위가 물기가 없어 매우 메마르고 부슬부슬하다. 작은말은 '팍팍하다.'

적극적 적시다 척척

척추 턱뼈 퍽퍽하다

● 척추 : 등골뼈.

먹	먹								
석	석								
척	척								
넉	넉								
퍽	퍽								
억	억								
격	격								
컥	컥								
적	적								
럭	럭								
혁	혁								
벅	벅								
턱	턱								
덕	덕								

◎ 2쪽의 '선생님 페이지'를 읽어 보신 후 지도해 주세요. ◎

곡	곡								
녹	녹								
독	독								
록	록								
목	목								
복	복								
속	속								
옥	옥								
족	족								
촉	촉								
콕	콕								
톡	톡								
폭	폭								
혹	혹								

- 곡사포 : 박격포 따위와 같이 곡사탄도로 나가게 쏘는 화포.
- 곡목 : 연주할 악곡 또는 곡명을 적어 놓은 목록.
- 녹각 : 사슴의 뿔.
- 녹두 : 씨는 암록색으로 팥보다 작으나 모양은 비슷한 콩과의 일년초.

곡사포 녹각 독수리 목재

곡목 녹두 독촉 목

- 녹지대 : 도시계획에서 도시의 안이나 그 주변에 시민 보건이나 미관 등을 위하여 조성한 녹지.
- 목화 : 높이 60~80cm, 잎은 손바닥 모양으로 섬유자원으로 재배하는 일년초.

| 곡식 | 녹지대 | 독차지 |
| 곡식 | 녹지대 | 독차지 |

| 목도리 | 목쉬다 | 목화 |
| 목도리 | 목쉬다 | 목화 |

● 속닥속닥 : 남이 알아듣지 못하게 자꾸만 소곤거리는 모양.

복	사	기	속	닥	속	닥	옥	수	수
복	사	기	속	닥	속	닥	옥	수	수

복	락		속	여	먹	다		옥	새
복	락		속	여	먹	다		옥	새

● 복락 : 행복과 즐거움.   ● 옥새 : 임금의 도장. 국새. 대보. 어새.

- 복개 : ① 뚜껑. 덮개. ② 덮개를 덮음. (하천을 복개하다.)
- 복도 : 건물 안의 방과 방, 또는 건물과 건물을 잇는, 지붕이 있는 좁고 긴 통로.

복	개		복	도		복	지	사	회
복	개		복	도		복	지	사	회

속	도		속	타	다		옥	죄	다
속	도		속	타	다		옥	죄	다

- 복지사회 : 사회보장제도가 잘되어 사회구성원들이 행복하게 생존권을 누리는 사회.
- 속타다 : 걱정이 되어서 마음이 몹시 달다.
- 옥죄다 : (몸의 어느 부분을)바싹 옥이어 죄다.

● 촉수 : 전등 촉광의 정도를 나타내는 수.　　　　● 족보 : 한 가문의 계통과 혈통관계를 기록한 책.

족두리 촉수 폭포 혹부리

족보　촉각　톡탁톡탁

● 촉각 : 오감의 하나로 피부의 감각.

- **족속**: ① 같은 종족에 속하는 사람들. ② (얕잡아 보는 뜻으로) 같은 동아리.
- **콕콕**: 날카롭고 단단한 것으로 찌르거나 박는 모양.

족속　촉촉하다　콕콕
족속　촉촉하다　콕콕

톡톡히　폭삭　혹시나
톡톡히　폭삭　혹시나

- **톡톡히**: ① 썩 많이 ② 매우 심하게.
- **혹시나**: 행여나

목	목								
속	속								
록	록								
촉	촉								
녹	녹								
톡	톡								
족	족								
곡	곡								
혹	혹								
콕	콕								
복	복								
폭	폭								
옥	옥								
독	독								

국	국									
눅	눅									
둑	둑									
룩	룩									
묵	묵									
북	북									
숙	숙									
욱	욱									
죽	죽									
축	축									
쿡	쿡									
툭	툭									
푹	푹									
훅	훅									

- 국거리 : ① 국을 끓이는데 쓰이는 재료. ② 곰국을 끓이는데 들어가는 쇠고기와 내장 등의 재료.
- 눅눅히 : ① 물기가 있어서 좀 물렁물렁하고 부드럽다. ② 습기가 차서 좀 축축한 모양.
- 눅느즈러지다 : 누긋하고 느슨해지다.

국회 국거리 국유지

눅눅히 눅느즈러지다

- 둑가다 : 윷놀이에서 두 동째 가다.
- 부룩소 : 작은 수소.

| 바둑 | 둑가다 | 부룩소 |
| 바둑 | 둑가다 | 부룩소 |

| 주룩주룩 | 누룩 | 벼룩 |
| 주룩주룩 | 누룩 | 벼룩 |

- 어묵 : 생선의 살을 으깨어 갈분이나 조미료 등을 섞어서 여러가지 모양으로 만들어서 익힌 음식.
- 묵화 : 먹으로 그린 동양화.
- 묵시 : ① 말없이 자기 의사를 나타내 보임. ② 간섭하지 않고 일의 진행을 보기만 함.

묵묵히 해묵다 어묵

도토리묵 묵화 묵시

- 북어 : 마른 명태
- 북해 : ① 북쪽의 바다. ② 유럽과 영국사이의 바다.
- 북새 : 여러 사람이 한데 모여 부산을 떨며 법석이는 일.

| 북 | 어 | | 북 | 적 | 북 | 적 | | 북 | 해 |

| 수 | 북 | 수 | 북 | | 북 | 부 | | 북 | 새 |

- 숙부 : 작은 아버지. 아버지의 동생.
- 숙직하다 : 직장에서 밤에 숙박하며 건물이나 시설따위를 지키다.
- 아욱 : 연한 줄기와 잎이 국거리로 쓰이는 일년초 채소.
- 욱적욱적 : 여럿이 한데 몰려 북적거리는 모양.

| 숙박 | 숙부 | 숙직하다 |
| 숙박 | 숙부 | 숙직하다 |

| 아욱 | 더욱 | 욱적욱적 |
| 아욱 | 더욱 | 욱적욱적 |

국회, 바둑, 벼룩, 북어, 숙부, 숙박, 어묵, 묵화, 북해, 북부, 아욱, 더욱

◎ 글자 찾아 단어 만들기 ◎   ◎ 차례대로 말하기 ◎

① 박	⑦ 더
② 숙	⑧ 욱
③ 북	⑨ 부
④ 룩	⑩ 북
⑤ 둑	⑪ 화
⑥ 국	⑫ 묵
회	어
바	묵
벼	해
어	북
부	아
숙	욱

● 죽마고우 : 어릴때부터 같이 자란 오랜 친구.

● 오죽 : ① 여간. 얼마나. 작히나. ② 높이 2~20m의 자흑색의 빛깔을 지닌 대나무로 관상용이나 여러가지 세공재료로 쓰임.

| 죽 | 마 | 고 | 우 | | 오 | 죽 | | 쇠 | 죽 |

| 죽 | 어 | 지 | 내 | 다 | | 축 | 소 | 하 | 다 |

● 쇠죽 : 소의 먹이로 여물과 콩 따위를 섞어서 끓인 죽.

● 죽어지내다 : ① 남에게 눌려 기를 펴지 못하고 지내다. ② 너무 가난하여 심한 고통을 겪으며 살아가다.

● 축대 : 물건을 받치거나 올려놓으려고 높게 쌓아 올린 대.

| 축복 | 축구 | 저축해라 |

| 축하해요 | 축대 | 쿡쿡 |

- **툭툭하다**: ① 국물이 바특하여 묽지않다. ② 피륙이 고르고 단단한 올로 촘촘하게 짜여 바탕이 두툼하다.
- **툭탁**: 탄탄한 물건이 세게 부딪치며 나는 소리.
- **푹푹**: ① 완전히 익게 끓이거나 삶는 모양. ② 힘있게 깊게 찌르는 모양.

툭	툭	하	다		툭	탁		푹	푹
툭	툭	하	다		툭	탁		푹	푹
푹	석	푹	석		다	리	훅	치	기
푹	석	푹	석		다	리	훅	치	기

- **푹석푹석**: ① 온통 곯아서 썩은 모양. ② 부피가 큰 것이 맥없이 주저앉는 모양.
- **다리훅치기**: 씨름에서 다리 기술의 한가지.

룩	룩								
욱	욱								
훅	훅								
둑	둑								
쿡	쿡								
죽	죽								
북	북								
푹	푹								
눅	눅								
축	축								
숙	숙								
묵	묵								
툭	툭								
국	국								

극	극								
늑	늑								
득	득								
륵	륵								
묵	묵								
북	북								
슥	슥								
옥	옥								
즉	즉								
측	측								
큭	큭								
특	특								
픅	픅								
흑	흑								

● 늑대 : 개와 비슷하나 다리는 길고 굵으며 꼬리는 항상 늘어뜨리는 성질이 있고 사나워서 사람을 해치기도 함.

● 극작가 : 연극의 극본을 쓰는 일을 업으로 하는 사람.
● 극대 : 더없이 큼.

태극기 늑대 측우기 흑백

극소수   극작가   극대

● 측우기 : ① 비가 온 분량을 측정하는 기구 ② 조선 세종 24년(1442)에 세계 최초로 전국에 설치된 우량계.

- 늑막 : 폐의 표면과 흉곽의 내면을 싸고 있는 막.
- 늑목 : 체조기구의 한 가지로 몇 개의 기둥사이에 열댓개씩의 둥근 가로막대를 끼워 넣었음.
- 득세 : 세력을 얻음.

극적으로　늑막　늑목

득표　득세　가득가득

● 꼬르륵 : ① 사람의 뱃속이나 대통속의 담뱃진이 끓을때 나는 소리. ② 물이 작은 구멍으로 지나갈 때 나는 소리.

● 드르륵 : ① 문을 거침없이 열 때 나는 소리. ② 총을 잇달아 쏘는 소리.

꼬르륵　　드르륵　　미륵

매슥거리다　　이슥하다

● 미륵 : 도솔천에 살며 56억 7천만 년 후에 미륵불로 나타나 중생을 건진다는 미륵보살의 준말.

● 매슥거리다 : 매스꺼운 느낌이 자꾸 일어나다.
● 이슥하다 : 밤이 매우 깊다.

- 욱박지르다 : 욱박아 기를 못펴게 하다.
- 특수교육 : ① 신체장애자나 정신상의 이상이 있는 사람에게 특별히 행하는 교육. ② 천재교육.

욱박지르다 즉석요리

욱박지르다 즉석요리

예측 특수교육 흑색

예측 특수교육 흑색

륵 륵
욱 욱
북 북
측 측
흑 흑
극 극
특 특
즉 즉
득 득
픅 픅
슥 슥
늑 늑
큭 큭
믁 믁

긱	긱								
닉	닉								
딕	딕								
릭	릭								
믹	믹								
빅	빅								
식	식								
익	익								
직	직								
칙	칙								
킥	킥								
틱	틱								
픽	픽								
힉	힉								

- 도닉 : 도망가서 숨음.
- 테크닉 : 수법. 기교. 전문기술.
- 고딕체 : 선이나 획의 굵기가 같고 살을 굵게 만든 활자체.
- 트릭 : 속임수. 간계.

| 도닉 | 테크닉 | 고딕체 |
| 도닉 | 테크닉 | 고딕체 |

| 트릭 | 믹서 | 세라믹스 |
| 트릭 | 믹서 | 세라믹스 |

- 믹서 : ① 시멘트를 섞어서 콘크리트를 만드는 기계. ② 과즙을 짜내는 기계. ③ 방송국에서 음량이나 음질을 조정하는 기사.
- 세라믹스 : ① 도자기. ② 고온으로 열처리하여 만든 비금속의 무기질 고체 재료.

- 빅토리 : 승리.
- 개회식 : 회의나 회합 따위를 시작할 때 거행하는 의식.
- 직각 : 서로 수직인 두 직선이 이루는 각(90°)

빅	토	리		개	회	식		식	구
빅	토	리		개	회	식		식	구
익	숙	하	다		이	익		직	각
익	숙	하	다		이	익		직	각

- 바지직 : 뜨거운 쇠붙이에 물이나 물기있는 물건이 닿아서 졸아붙을 때 나는 소리.
- 매직 : 마법. 마술.
- 수칙 : 지켜야할 규칙.

취	직		바	지	직		직	사	포
취	직		바	지	직		직	사	포
매	직		칙	칙	폭	폭		수	칙
매	직		칙	칙	폭	폭		수	칙

- 칙사 : 임금의 명령이나 대명을 받든 사신.
- 킥킥대다 : 웃음을 참으려다가 참지 못하고 웃는 것.
- 스틱 : 지팡이. 막대.
- 드라마틱 : 극적인 것. 파란곡절이 많은 것. 연극적인 것.

칙	사		킥	킥	대	다		스	틱
칙	사		킥	킥	대	다		스	틱

드	라	마	틱		픽	픽		픽	처
드	라	마	틱		픽	픽		픽	처

- 픽픽 : ① 힘없이 쓰러지는 모양. ② 막혔던 기체 따위가 새어나오는 소리. ③ 삭은 새끼나 노끈이 힘없이 끊어지는 모양.
- 픽처 : ① 그림. ② 사진. ③ 영화.

딕	딕								
익	익								
믹	믹								
킥	킥								
힉	힉								
닉	닉								
틱	틱								
빅	빅								
직	직								
픽	픽								
긱	긱								
칙	칙								
식	식								
릭	릭								

◎ 2쪽의 '선생님 페이지'를 읽어 보신 후 지도해 주세요. ◎

간	간								
난	난								
단	단								
란	란								
만	만								
반	반								
산	산								
안	안								
잔	잔								
찬	찬								
칸	칸								
탄	탄								
판	판								
한	한								

● 교란 : 뒤흔들어 어지럽게 함.

간판 난로 단추 모란 만두

간지르다 교란 만세

- 간소화 : 복잡한 것을 간단하게 정리함.
- 간간이 : ① 드문드문. 때때로. ② 듬성듬성. 띄엄띄엄.
- 난시 : 각막의 구면이 고르지 않아서 광선이 망막 위의 한 점에 모이지 않아 물체를 바르게 볼 수 없는 그런 눈.

| 간소화 | 간간이 | 난시 |

| 단독 | 나란히 | 만국기 |

● 반도체 : 상온에서 전기를 통하는 성질이 양도체와 절연체의 중간정도를 가진 물질의 총칭.

반지 산소 안대 잔디 찬비

반대   반도체   반기다

70

- 안채 : 안팎 따로 있는 집의 안에 있는 집채.
- 잔뼈 : 어려서 아직 다 자라지 못한 뼈.
- 반찬단지 : 반찬을 담는 작은 항아리.

| 산사태 | 산악회 | 안채 |
| 산사태 | 산악회 | 안채 |

| 잔치 | 잔뼈 | 반찬단지 |
| 잔치 | 잔뼈 | 반찬단지 |

- 칸나 : 키 80~150cm, 줄기는 넓적하고 잎은 파초와 비슷한 관상용 화초인 다년초로서 여름과 가을에 빨강·노랑 등의 꽃이 핌.
- 한반도 : 한국 전체를 포괄하고 있는 반도.
- 탄복 : 깊이 감탄하여 마음으로 따름.

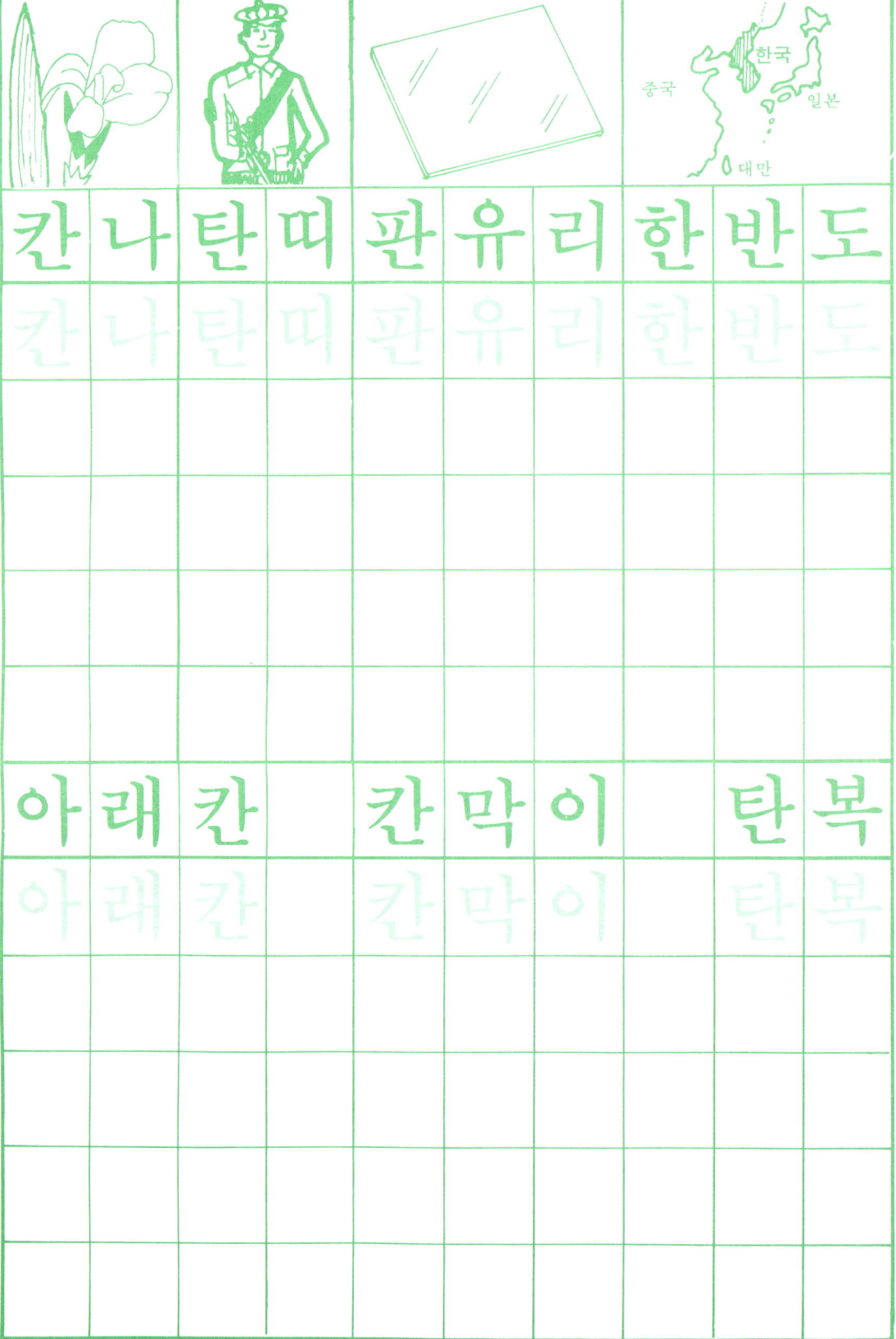

칸나 탄띠 판유리 한반도

칸나 탄띠 판유리 한반도

아래칸   칸막이   탄복

아래칸   칸막이   탄복

● 탄탄대로 : 굴곡이 없이 넓고 평평하게 쭉 뻗친 큰길.

● 한가위 : 음력 팔월 보름날. (중추. 가위. 가배절. 추석. 한가윗날.)

| 탄 | 탄 | 대 | 로 | | 판 | 매 | | 판 | 단 |

| 한 | 가 | 위 | | 한 | 사 | 코 | | 한 | 자 |

● 한자 : 중국 고유의 뜻글자.

한
잔
칸
만
탄
산
단
찬
란
간
안
반
난
판

◎ 2쪽의 '선생님 페이지'를 읽어 보신 후 지도해 주세요. ◎

건	건								
넌	넌								
던	던								
런	런								
먼	먼								
번	번								
선	선								
언	언								
전	전								
천	천								
컨	컨								
턴	턴								
편	편								
헌	헌								

- 건각 : 튼튼한 다리.
- 건조 : 습기나 물기가 없는 마른상태.
- 넌지시 : 드러나지 않게 가만히.
- 넌덕 : 너털웃음을 웃으면서 너스레를 늘어놓는 짓.

건각			건너뛰다				건조	
건각			건너뛰다				건조	

넌지시			넌덕			넌더리		
넌지시			넌덕			넌더리		

- 넌더리 : 몹시 물리어 지긋지긋하게 느껴지는 생각.

- 어련무던히 : 별로 흠잡을 데 없이 무던한 상태.
- 두런두런 : 몇 사람이 묵직하고 낮은 목소리로 이야기를 나누는 소리나 모양.

던져주다 어련무던히

가지런하다 두런두런

- 먼바다 : 기상예보에서 육지로부터 20km (동해)~40km (서·남해)밖의 바다를 이름.
- 먼저께 : 얼마전의 어느 한때.

먼	바	다		먼	지		먼	저	께
먼	바	다		먼	지		먼	저	께

번	지	수		번	데	기		번	개
번	지	수		번	데	기		번	개

- 선각자 : 남보다 앞서서 사물의 도리를 깨달은 사람.
- 선반 : 벽에 매어서 물건을 올려놓는 널빤지.
- 언니 : '형(兄)'을 정답게 일컫는 말.
- 언덕배기 : 언덕의 꼭대기.

선각자　선거전　선반
선각자　선거전　선반

언니　언덕배기　언제
언니　언덕배기　언제

- 전선 : ① 전깃줄. 전기선. ② 전장. 제일선.
- 천하무적 : 상대할만한 자가 없음을 이르는 말.
- 천사 : ① 마음씨 착한 어진 사람을 비유한 말. ② 기독교에서 하느님의 사자로서 하느님과 인간의 중개역할을 하는 존재를 이르는 말.

전시회 자전거 전선

천하무적 천사 천대

- 천대 : 업신여겨 푸대접함.

● 컨베이어 : 물건을 자동으로 연속적으로 운반하는 기계장치.
● 뉴턴 : 힘의 단위. 질량 1kg의 물체에 매초 1m의 가속도를 생기게 하는 힘으로 기호는 N

| 컨 | 베 | 이 | 어 | | 뉴 | 턴 | | 펀 | 치 |

| 펀 | 펀 | 하 | 다 | | 헌 | 책 | | 헌 | 화 |

● 펀치 : ① 구멍 뚫는 기계. ② 권투에서 상대를 주먹으로 치는 일 또는 그 주먹. ③ 럭비에서 발끝으로 공을 튕겨 차는 일.
● 펀펀하다 : 표면에 높낮이가 없이 고르고 너르다.
● 헌화 : 죽은이의 영전에 꽃을 바침. 또는 그 꽃.

◎ 말이 되도록 줄로 이어 보세요 ◎

건너 ·	· 주다
던져 ·	· 배기
언덕 ·	· 뛰다
천하 ·	· 하다
편편 ·	· 무적

◎ 차례대로 말하여 보세요 ◎

먼	먼									
헌	헌									
언	언									
런	런									
턴	턴									
전	전									
선	선									
던	던									
편	편									
넌	넌									
컨	컨									
천	천									
건	건									
번	번									

곤	곤								
논	논								
돈	돈								
론	론								
몬	몬								
본	본								
손	손								
온	온								
존	존								
촌	촌								
콘	콘								
톤	톤								
폰	폰								
혼	혼								

- 곤두박질 : 몸을 번드치어 갑자기 거꾸로 떨어지는 것.
- 곤죽 : 죽같이 질퍽한 땅.
- 곤지 : 시집가는 새색씨가 이마에 연지로 찍는 붉은 점.
- 논단 : ① 토론을 하는 곳. ② 논하여 단정함.

| 곤 | 두 | 박 | 질 | | 곤 | 죽 | | 곤 | 지 |

| 논 | 바 | 닥 | | 논 | 단 | | 논 | 리 | 적 |

- 논리적 : 생각하는 방법이나 이야기의 줄거리가 이치에 맞는 것. 논리에 맞는 것.

- 돈사 : 돼지우리.
- 돈독 : 인정이 두터움. 돈후.
- 개론 : 내용을 대강 간추리어 논설함.
- 막론하고 : 따져 말할 나위도 없이.

돈사		돈독		돈주머니			
돈사		돈독		돈주머니			
개론		이론		막론하고			
개론		이론		막론하고			

● 몬닥 : 썩은 새끼줄이 뚝 끊어지거나 잘라지는 모양.
● 본토박이 : 대대로 그 고장에서 살아 오는 사람.
● 레몬 : 높이 3m가량의 인도 원산의 상록 소교목으로 열매는 길둥글고 노랗게 익으며 냄새가 좋고, 구연산과 비타민C가 들어있고 신맛이 남.

몬	닥		레	몬		본	토	박	이
몬	닥		레	몬		본	토	박	이
본	전		본	뜨	다	본	보	기	
본	전		본	뜨	다	본	보	기	

● 본전 : ① 밑천으로 들인 돈. ② 꾸어준 돈에서 이자를 붙이지 않은 본디의 돈.
● 본뜨다 : 어떤 것을 본보기로 하여 그대로 좇아 하거나 꾸미거나 만들다.

● 온천 : ① 땅속에서 평균기온 이상으로 데워진 물이 자연적으로 솟아나는 샘. ② 온천이 있는 곳 이라는 뜻의 온천장의 준말.

● 온전하다 : 본디 그대로 고스란하다.

손	가	락		손	수	건		손	목	
손	가	락		손	수	건		손	목	
온	천			온	도			온	전	하	다
온	천			온	도			온	전	하	다

- 존대 : 받들어 대접하거나 대함.
- 존재 : 실제로 있음.
- 존득존득 : 음식물 따위가 차지고 졸깃졸깃한 모양.

존대　　존재　　존득존득

촌구석　　무의촌　　촌각

- 촌각 : 매우 짧은 시간. 촌음. 일촌광음.
- 촌구석 : '촌'을 얕잡아 이르는 말.

- 촌극 : 아주 짧은 극. 토막극.
- 콘센트 : 플러그를 끼워 전기를 통하게 하는 전기의 접속기구.
- 콘서트 : 연주회. 음악회.
- 톤수 : 배의 용량.

촌극　콘센트　콘서트

촌극　콘센트　콘서트

톤수　마라톤　메가폰

톤수　마라톤　메가폰

- 메가폰 : 말소리를 크고 멀리가게 하기 위하여 입에 대는 나팔 모양의 기구. 확성나팔.

- 헤드폰 : ① 두 귀에 꽂는 작은 스피커. ② 두 귀에 고정시키는 전화수신기.
- 혼돈 : 사물의 구별이 뚜렷하지 않은 상태.
- 혼비백산 : 몹시 놀라 어찌할 바를 모르는 지경.
- 혼란 : 뒤섞이어 어지러움.

헤	드	폰		약	혼	식		혼	돈
헤	드	폰		약	혼	식		혼	돈
혼	비	백	산		혼	란		혼	자
혼	비	백	산		혼	란		혼	자

혼	혼								
몬	몬								
돈	돈								
폰	폰								
존	존								
손	손								
론	론								
콘	콘								
논	논								
온	온								
톤	톤								
곤	곤								
본	본								
촌	촌								

가지-지우개-개나리-리어카-카레-레미콘-콘크리트-트럭-럭비

◎ 끝말 이어가기를 해 보세요 ◎

가지—□□—개—□□—리

□□—카—□레—□□—콘

□□—트—□럭—□비

◎ 차례대로 말하여 보세요 ◎

● 레미콘 : 운반용 트럭에 장치된 콘크리트 혼합기. 트럭믹서.
● 콘크리트 : 모래와 자갈을 섞은 시멘트를 물로 반죽한것.

군	군								
눈	눈								
둔	둔								
룬	룬								
문	문								
분	분								
순	순								
운	운								
준	준								
춘	춘								
쿤	쿤								
툰	툰								
푼	푼								
훈	훈								

- 군대 : 군인의 집단.
- 군데군데 : 여기저기. 이곳저곳.
- 군내 : 군의 구역 안. 고을 안.
- 눈독 : 욕심을 내어 눈여겨 보는 일.
- 눈치꾼 : 남의 눈치만 슬슬 보아가면서 행동하는 사람.

군대   군데군데   군내

눈사태   눈독   눈치꾼

- 둔덕지다 : 땅이 언덕처럼 두두룩하다.
- 둔탁 : ① 소리가 굵고 거칠다. ② 성질이 굼뜨고 흐리터분함.
- 둔재 : 둔한 재주 또는 그런 사람.
- 겨룬다 : 서로 다투어 승부를 나눈다.

둔덕지다   둔탁   둔재

겨룬다   문제   문단속

- 분위기 : 어떤 환경이나 자리에 저절로 만들어져서 감도는 느낌.
- 분화구 : 화산의 분출물을 내뿜는 구멍.
- 순탄히 : 탈이 없고 순조로움.
- 순직 : 직무를 다하다가 목숨을 잃음.

분산 분위기 분화구

순식간 순탄히 순직

● 준수 : 규칙을 그대로 잘 지킴.

● 춘분 : 일년 중 낮과 밤의 길이가 같은 3월 21일 경으로 이십사 절기중 경칩과 청명사이의 절기.

운전   운반   아나운서

준비체조   준수   춘분

● 춘색 : 봄빛. 봄의 경치나 기운.

● 툰드라 : 북극지방의 동토대로서 사철 거의 얼음으로 덮인 벌판으로 여름철 잠깐동안 지표가 녹아 이끼류가 자람.

춘색		툰드라			푼푼이		
춘색		툰드라			푼푼이		

푼돈		훈훈히			훈련소		
푼돈		훈훈히			훈련소		

● 푼푼이 : 한 푼씩 한 푼씩.
● 푼돈 : 많지 않은 몇 푼의 돈.
● 훈훈히 : 날씨나 기온이 견디기 알맞게 덥다.

훈 훈
운 운
쿤 쿤
분 분
룬 룬
툰 툰
둔 둔
춘 춘
푼 푼
순 순
눈 눈
문 문
준 준
군 군

근	근								
는	는								
든	든								
른	른								
믄	믄								
븐	븐								
슨	슨								
은	은								
즌	즌								
츤	츤								
큰	큰								
튼	튼								
픈	픈								
흔	흔								

- 근본 : 사물이 생겨나는데 바탕이 되는 것. 기본. 기초.
- 근거지 : 생활의 터전으로 삼는 곳.
- 느지럭대다 : 속은 굳은 모양이나 겉은 싱그러울 정도로 물크러지다.
- 되는대로 : 아무렇게나. 마구. 함부로.

근본   근거지   근로자

근본   근거지   근로자

느지럭대다   되는대로

느지럭대다   되는대로

- 든든히 : ① 무르지 않고 굳게. ② 배가 부르게. ③ 약하지 않고 굳건하게. ④ 마음이 허수하지 않고 미덥게.
- 마른번개 : 마른 하늘에서 치는 번개.
- 세븐 : 일곱. 7.

| 든든히 | 먹든지 | 서른 |
| 든든히 | 먹든지 | 서른 |

| 마른번개 | 세븐 | 오븐 |
| 마른번개 | 세븐 | 오븐 |

- 오븐 : 음식을 집어 넣고 밀폐시킨후, 상하좌우에서 열을 내어 재료를 굽는 조리기구.

- 무슨 : 사물의 내용이나 속성에 대하여 의문을 나타내는 말.
- 느슨하다 : 잡아 맨 줄이 늘어나서 꽤 헐겁다.
- 은근 : ① 겸손하고 정중함. ② 마음속으로 생각하는 정이 깊음. ③ 드러나지 않음.
- 은둔 : 세상을 피하여 숨음.

| 무슨 | 느슨하다 | 은근 |
| 무슨 | 느슨하다 | 은근 |

| 은둔 | 은하수 | 큰소리 |
| 은둔 | 은하수 | 큰소리 |

- 은하수 : 흰구름 모양으로 길게 남북으로 보이는 수많은 행성의 무리를 강물에 비유한 말. 미리내.

● 허튼수작 : 헤프게 함부로 하는 수작.

| 큰언니 | 큰눈 | 튼튼히 |
| 큰언니 | 큰눈 | 튼튼히 |

| 허튼수작 | 마흔 | 흔적 |
| 허튼수작 | 마흔 | 흔적 |

픈	픈								
든	든								
흔	흔								
븐	븐								
큰	큰								
믄	믄								
즌	즌								
른	른								
튼	튼								
은	은								
는	는								
슨	슨								
츤	츤								
근	근								

◎ 숨은글자 찾기 ◎

* 차례로 줄을 긋고 색연필로 예쁘게 색칠하세요.

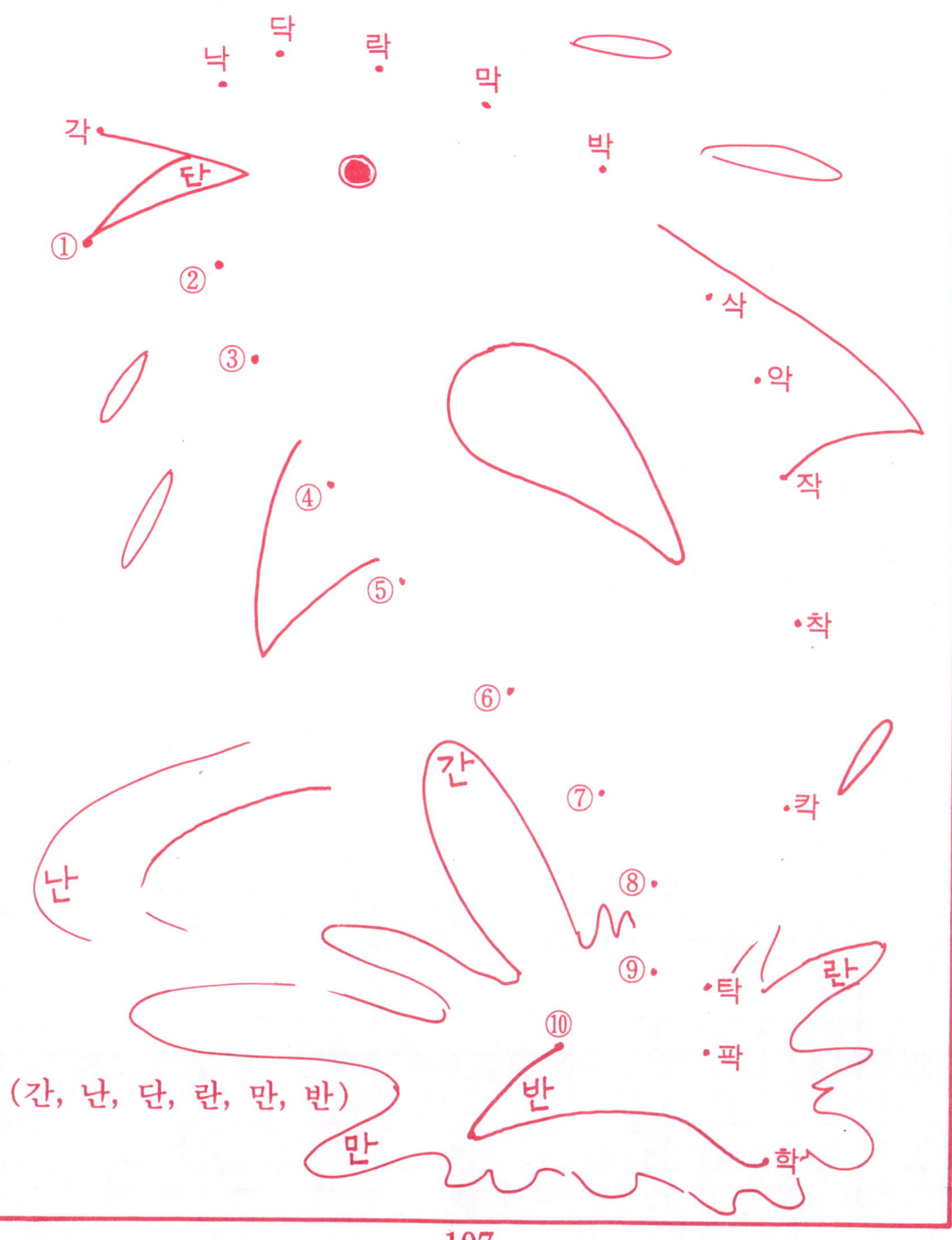

(간, 난, 단, 란, 만, 반)

긴	긴								
닌	닌								
딘	딘								
린	린								
민	민								
빈	빈								
신	신								
인	인								
진	진								
친	친								
킨	킨								
틴	틴								
핀	핀								
힌	힌								

- 긴가민가 : 그런지 그렇지 않은지 분명하지 않은 모양을 나타내는 '기연가미연가'의 준말.
- 긴요 : 매우 중요함.
- 타닌산 : 식물에서 떫은 성분을 뽑아내어 얻은 물질로서 잉크, 염료 따위의 원료로 쓰임.
- 무딘 : 칼날이나 끝이 날카롭지 않은 상태.

긴가민가 긴축 긴요

타닌산 무딘 누린내

- 누린내 : 짐승의 털이 타는 냄새.

● 마가린 : 정제한 동식물 유지에 첨가물을 넣어서 버터와 비슷한 맛을 낸 인조버터. ● 민박 : 민가에서 숙박함.

마	가	린		민	간	인		민	박	
마	가	린		민	간	인		민	박	
빈	손		빈	대	떡		빈	민	촌	
빈	손		빈	대	떡		빈	민	촌	

● 신선로 : 상위에 놓고 열구자탕을 끓이는 그릇
(가운데 숯불을 담는 통이 있음.)   ● 인디언 : ① 아메리칸 인디언. ② 인도사람.

신문사 신선로 신속
신문사 신선로 신속

인간 인건비 인디언
인간 인건비 인디언

- 진선미 : 진실, 착함, 아름다움을 함께 이르는 말로 이상에 합치된 상태를 말함.
- 진주 : 조개의 체내에 형성되는 구슬 모양의 분비물 덩어리로 은빛의 아름다운 빛이 남.

진단서 진선미 진주

진단서 진선미 진주

친분 친근히 친목회

친분 친근히 친목회

- 치킨 : ① 닭고기 ② '프라이드 치킨'의 준말.
- 하이틴 : 십대의 후반으로 17~19세의 나이나 그 또래.
- 니코틴 : 담뱃잎에 주로 들어 있는 성분으로 독성이 강하여 신경계통의 조직을 자극하여 마비시킴. 농약 따위에 이용됨.

치킨   니코틴   하이틴
치킨   니코틴   하이틴

타이핀   핀잔   힌두교
타이핀   핀잔   힌두교

- 타이핀 : '넥타이 핀'의 준말.
- 핀잔 : 맞대놓고 언짢게 꾸짖거나 비웃으며 꾸짖음.
- 힌두교 : 인도인의 종교적, 윤리적, 사회적인 모든 행동의 규범이 되는 인도의 민족종교.

빈	빈								
친	친								
린	린								
힌	힌								
신	신								
딘	딘								
틴	틴								
인	인								
핀	핀								
긴	긴								
킨	킨								
진	진								
민	민								
닌	닌								

◎ 2쪽의 '선생님 페이지'를 읽어 보신 후 지도해 주세요. ◎

갈	갈							
날	날							
달	달							
랄	랄							
말	말							
발	발							
살	살							
알	알							
잘	잘							
찰	찰							
칼	칼							
탈	탈							
팔	팔							
할	할							

● 갈근대다 : 음식이나 남의 재물에 탐을 내어 자꾸 욕심을 부리다.

● 갈대 : 습지나 냇가에 숲을 이루어 자라고 줄기는 곧고 단단하며 속이 비어 있다. 줄기는 발, 삿갓, 삿자리 등을 만들고 뿌리줄기는 한약재로 쓰임.

갈	매	기	날	개	달	리	기	살	구
갈	매	기	날	개	달	리	기	살	구

갈	근	대	다		갈	대		날	씨
갈	근	대	다		갈	대		날	씨

- 달가닥 : 작고 단단한 물체가 가볍게 부딪칠때 나는 소리.
- 말살 : 아주 없애 버림.
- 말미잘 : 원기둥 모양의 몸 끝에 꽃처럼 열리는 여러 개의 촉수가 있는 바다 생물.

| 날마다 | 달가닥 | 발달 |
| 날마다 | 달가닥 | 발달 |

| 말살 | 말대꾸 | 말미잘 |
| 말살 | 말대꾸 | 말미잘 |

● 발칵 : ① 갑자기 딴판으로 바뀌는 모양. ② 갑작스럽게 기운을 내는 모양.

발	자	국		발	전	소		발	칵
발	자	국		발	전	소		발	칵
발	판		살	그	머	니		살	짝
발	판		살	그	머	니		살	짝

- 코알라 : 오스트레일리아 특산으로 머리는 곰과 비슷하나 배에는 새끼를 넣어 기르는 주머니가 있고 주로 나무 위에서 유칼리 잎만 먹고 삶.

- 알록달록 : 어떤 바탕에 다른 빛깔의 작은 무늬가 고르지 않게 무늬져 있는 모양.

코알라 칼날 나팔 할머니
코알라 칼날 나팔 할머니

알록달록   알선   알곡
알록달록   알선   알곡

- 알곡 : ① 쭉정이나 잡것이 섞이지 않은 곡식.
② 깍지를 벗긴 콩이나 팥 따위의 곡식.

- **조잘조잘** : 좀 낮은 목소리로 수다스럽게 종알거리는 모습.
- **찰칵** : 작은 쇠붙이가 부딪치거나 걸릴 때 나는 소리.
- **탈락** : 끼지 못하고 떨어져 나가거나 빠짐.

조	잘	조	잘		찰	칵		찰	떡
조	잘	조	잘		찰	칵		찰	떡
칼	국	수			탈	곡	기	탈	락
칼	국	수			탈	곡	기	탈	락

● 팔팔하다 : 성질이 느긋하지 못하고 괄괄하다.   ● 할딱 : 숨을 가쁘게 쉬는 모양.

팔팔하다   팔찌   팔다

할딱   할인권   할퀴다

잘	잘								
말	말								
팔	팔								
찰	찰								
날	날								
탈	탈								
발	발								
할	할								
달	달								
살	살								
칼	칼								
알	알								
랄	랄								
갈	갈								

걸	걸								
널	널								
덜	덜								
럴	럴								
멀	멀								
벌	벌								
설	설								
얼	얼								
절	절								
철	철								
컬	컬								
털	털								
펄	펄								
헐	헐								

● 걸대 : ① 물건을 높이 걸 때에 쓰는 장대. ② 물건을 걸도록 가로 놓은 장대.

● 걸뜨다 : 물체가 물에 가라앉지도 않고 뜨지도 않은 중간에 뜨다.

'아—아!'

| 걸 | 머 | 지 | 다 | 널 | 뛰 | 기 | 벌 | 리 | 다 |
| 걸 | 머 | 지 | 다 | 널 | 뛰 | 기 | 벌 | 리 | 다 |

| 걸 | 대 | | 걸 | 뜨 | 다 | | 걸 | 리 | 다 |
| 걸 | 대 | | 걸 | 뜨 | 다 | | 걸 | 리 | 다 |

- 채널 : 텔레비젼 방송국에 할당된 전파의 주파수.
- 덜커덕 : 남몰래 무슨 짓을 하다가 발각나는 모양.
- 덜미 : '뒷덜미'"목덜미'의 준말.
- 덜되다 : 생각이나 행동이 모자라고 온당치 못하다.

| 건널목 | 채널 | 덜커덕 |
| 건널목 | 채널 | 덜커덕 |

| 덜미 | 덜되다 | 덜그럭 |
| 덜미 | 덜되다 | 덜그럭 |

- 덜그럭 : 크고 단단한 그릇 따위가 서로 부딪칠 때 나는 낮으면서 무거운 소리.

- 그럴싸 : 그럴듯.
- 캐럴 : 성탄을 축하하는 민요풍의 가극.
- 멀거니 : 정신없이 멍청하게
- 멀고멀다 : 매우 멀다.
- 벌목 : 나무를 베는 것.

| 그럴싸 | 캐럴 | 멀거니 |
| 그럴싸 | 캐럴 | 멀거니 |

| 멀고멀다 | 벌레 | 벌목 |
| 멀고멀다 | 벌레 | 벌목 |

얼룩말 절구 철도 털모자
얼룩말 절구 철도 털모자

설득　설거지　설계사
설득　설거지　설계사

● 설득 : 잘 설명하거나 타일러서 납득시킴.

- 얼레 : 실을 감는 나무틀.(가운데 자루가 있음.)
- 철벅 : 옅은 물이나 진창을 세게 밟거나 칠 때 나는 소리.
- 철부지 : 철이 없는 아이.

얼	싸	안	다	얼	레	절	차
얼	싸	안	다	얼	레	절	차
절	단	기		철	벅	철	부	지
절	단	기		철	벅	철	부	지

- 컬컬하다 : ① 목소리가 매우 걸걸하다. ② 목이 말라서 시원한 물이나 음료수를 마시고 싶다.
- 컬러 : 색. 색채. 빛깔.

컬컬하다   컬러   털보

컬컬하다   컬러   털보

털가죽   털내의   털신

털가죽   털내의   털신

- 개펄 : 갯가의 개흙이 깔린 벌.
- 펄럭 : 깃발이 바람에 크게 한 번 펄럭이는 모양.
- 간헐온천 : 일정한 기간을 두고 주기적으로 분출하는 온천. 간헐천.

개펄		펄럭		펄	쩍	뛰	다
개펄		펄럭		펄	쩍	뛰	다
간	헐	온	천	헐	떡	거리	다
간	헐	온	천	헐	떡	거리	다

멀	멀								
덜	덜								
컬	컬								
널	널								
얼	얼								
털	털								
철	철								
헐	헐								
걸	걸								
설	설								
절	절								
벌	벌								
펄	펄								
럴	럴								

골	골								
놀	놀								
돌	돌								
롤	롤								
몰	몰								
볼	볼								
솔	솔								
올	올								
졸	졸								
촐	촐								
콜	콜								
톨	톨								
폴	폴								
홀	홀								

- 골인 : ① 공이 골에 들어감. (축구, 하키등) ② 경주에서 결승점에 들어섬.
- 놀놀하다 : 털이나 싹 따위가 노르스름하다.

골짜기 돌고래 바이올린
골짜기 돌고래 바이올린

골목 골인 놀놀하다
골목 골인 놀놀하다

- 컨트롤 : ① 조절 ② 관리.지배.통제. ③ 제어.
- 몰락 : ① 번영하던 것이 쇠하여 볼품없이 되다. ② 멸망하여 없어짐.
- 불그족족하다 : 고르지 못하고 좀 칙칙한 정도로 볼그스름하다.

돌	팔	매		컨	트	롤		몰	락
돌	팔	매		컨	트	롤		몰	락
볼	그	족	족	하	다		볼	록	판
볼	그	족	족	하	다		볼	록	판

- 솔직 : 거짓이나 숨김이 없이 바름.
- 줄작 : 보잘 것 없는 작품.
- 졸도 : 갑자기 의식을 잃고 쓰러짐.
- 출싹출싹 : 주책없이 수선을 피우며 돌아다니는 모양.
- 콜라 : 콜라의 열매를 원료로 한 청량음료

솔	직	올	록	볼	록	졸	작
솔	직	올	록	볼	록	졸	작
졸	도	출	싹	출	싹	콜	라
졸	도	출	싹	출	싹	콜	라

- 콜레라 : 소화기 계통의 급성 전염병으로 고열, 구토, 설사가 심함. 호열자. 쥐통. 호역.
- 카톨릭 : ① 로마 카톨릭교. 천주교. 구교. ② 카톨릭교의 신자.

콜	레	라		카	톨	릭		폴	싹
콜	레	라		카	톨	릭		폴	싹

홀	태	바	지		홀	짝		홀	딱
홀	태	바	지		홀	짝		홀	딱

- 폴싹 : 먼지나 연기가 갑자기 몽키어 일어나는 모양.
- 홀태바지 : 통이 좁은 바지.
- 홀짝 : ① 콧물을 조금씩 들이마시며 우는 모양. ② 적은 분량의 음료수를 단숨에 마시는 모양.
- 홀딱 : 벗겨져 환하게 드러나는 모양.

롤	롤								
촐	촐								
돌	돌								
톨	톨								
볼	볼								
올	올								
폴	폴								
골	골								
홀	홀								
솔	솔								
콜	콜								
몰	몰								
졸	졸								
놀	놀								

굴	굴							
눌	눌							
둘	둘							
룰	룰							
물	물							
불	불							
술	술							
울	울							
줄	줄							
출	출							
쿨	쿨							
툴	툴							
풀	풀							
훌	훌							

● 굴착 : 땅이나 바위를 파서 뚫음.

| 굴 | 뚝 | 스 | 물 | 쿨 | 쿨 | 훌 | 라 | 후 | 프 |
| 굴 | 뚝 | 스 | 물 | 쿨 | 쿨 | 훌 | 라 | 후 | 프 |

| 굴 | 착 | | 굴 | 다 | 리 | | 눌 | 리 | 다 |
| 굴 | 착 | | 굴 | 다 | 리 | | 눌 | 리 | 다 |

● 룰 : 규칙. 규약.

● 물귀신 : ① 자기가 궁지에 처했을 때, 남까지 끌고 들어가려는 자를 비유하는 말. ② 물 속에 산다는 잡귀.

둘러싸다　둘째손가락
둘러싸다　둘째손가락

이룰테야　　룰　물귀신
이룰테야　　룰　물귀신

물난리　불친절　불안
물난리　불친절　불안

술래　마술사　울타리
술래　마술사　울타리

- 울먹울먹 : 울상이 되어 금방이라도 울듯울듯 하는 모습.
- 줄대다 : 끊어지지 않도록 죽 잇대다.

울	먹	울	먹		줄	사	닥	다	리
울	먹	울	먹		줄	사	닥	다	리
줄	대	다		출	판	사		출	발
줄	대	다		출	판	사		출	발

- 출썩거리다. : 주책없이 수선을 피우며 돌아다니다. 작은말은 출싹거리다.
- 쿨룩대다 : 기침병 환자가 입을 우무리고 힘겹게 가슴을 잡고 기침소리를 내다.

출썩거리다 쿨룩대다
출썩거리다 쿨룩대다

두툴두툴 수풀 풀다
두툴두툴 수풀 풀다

- 두툴두툴 : 표면이 고르지 못하고 들어가고 나온 곳이 많아 흉한 모습.

룰	룰								
줄	줄								
불	불								
쿨	쿨								
훌	훌								
둘	둘								
툴	툴								
물	물								
울	울								
눌	눌								
출	출								
풀	풀								
술	술								
굴	굴								

글	글								
늘	늘								
들	들								
를	를								
물	물								
블	블								
슬	슬								
을	을								
즐	즐								
출	출								
클	클								
틀	틀								
플	플								
흘	흘								

● 사글세 : 집이나 방을 빌린 뒤 다달이 내는세.

글라스	바늘	민들레	구슬
글라스	바늘	민들레	구슬

(접어박기) (휘갑치기) (지그재그)

글씨체	사글세	하늘
글씨체	사글세	하늘

- 대들보 : ① 큰 들보. ② 한 나라나 집안을 이끌어 가는 중요한 사람을 비유한 말.
- 이를테면 : 가령 말하자면.
- 블록 : ① 콘크리트로 만든 벽돌 모양의 덩어리. ② 시가지 따위의 구획. ③ 덩어리.
- 더블 : 이중, 겹, 두갑절.

대	들	보		들	판		들	키	다
대	들	보		들	판		들	키	다
이	를	테	면		블	록		더	블
이	를	테	면		블	록		더	블

- 까슬까슬 : ① 성질이 까다로운 모양. ② 물체의 표면이나 살결이 윤기가 없고 거친 모양.
- 사슬 : '쇠사슬'의 준말.
- 노을 : 해가 뜨거나 질 때, 하늘이 벌겋게 물드는 현상.

| 까슬까슬 | 이슬 | 사슬 |
| 까슬까슬 | 이슬 | 사슬 |

| 노을 | 마을 | 을지문덕 |
| 노을 | 마을 | 을지문덕 |

- 을지문덕 : 고구려의 명장으로 612년 수나라가 침입했을 때, 살수(청천강)에서 수의 30만 대군을 섬멸한 대승을 이끌었다.

- 퍼즐 : ① 수수께끼. 알아맞히기. ② 어려운 문제.
- 클랙슨 : 자동차나 오토바이의 경적.
- 클래식 : ① 고전, 고전파. ② 클래식음악.
- 버클 : 가죽 허리띠 따위에 달려있는 죄어 고정시키는 장식물.

즐거운 퍼즐 즐기다
즐거운 퍼즐 즐기다

클랙슨 클래식 버클
클랙슨 클래식 버클

- **틀니** : 잇몸에 만들어서 끼운 이.
- **틀어박히다** : 밖에 나가지 않고 한 곳에만 있다.

틀	니		뒤	틀	다		사	진	틀
틀	니		뒤	틀	다		사	진	틀
틀	어	박	히	다		파	인	애	플
틀	어	박	히	다		파	인	애	플

- 머플러 : ① 목도리. ② 소음기. ③ 권투용 글러브
- 플러그 : 전선을 잇거나 끊을수 있도록 콘센트에 꽂게 되어 있는 접속기구.

| 머 | 플 | 러 | | 플 | 러 | 그 | | 나 | 흘 |
| 머 | 플 | 러 | | 플 | 러 | 그 | | 나 | 흘 |

| 흘 | 러 | 내 | 리 | 다 | | 코 | 흘 | 리 | 개 |
| 흘 | 러 | 내 | 리 | 다 | | 코 | 흘 | 리 | 개 |

출	출								
믈	믈								
흘	흘								
즐	즐								
를	를								
플	플								
을	을								
들	들								
틀	틀								
슬	슬								
늘	늘								
클	클								
블	블								
글	글								

길	길								
닐	닐								
딜	딜								
릴	릴								
밀	밀								
빌	빌								
실	실								
일	일								
질	질								
칠	칠								
킬	킬								
틸	틸								
필	필								
힐	힐								

● 필라멘트 : 텅스텐이나 니켈로 만들어 백열전구나 진공관 속에서 열전자를 방출케 하는 가는 선.

● 길길이 : ① 성이나서 펄펄 뛰는 모양. ② 아주 높이.

실로폰필라멘트하히힐

실로폰필라멘트하히힐

길목　　길바닥　　길길이

길목　　길바닥　　길길이

- 도닐다 : 가장자리를 빙빙돌며 다니다.
- 디딜풀무 : 발로 디뎌서 바람을 일으키는 풀무.
- 드릴 : ① 송곳. ② 송곳을 단 공작기계.
- 스릴 : 간담을 서늘하게 하거나 손에 땀을 쥐게 하는 느낌.

거닐다 비닐 도닐다
거닐다 비닐 도닐다

디딜풀무 드릴 스릴
디딜풀무 드릴 스릴

- 밀기울 : 밀을 빻아 가루를 낸 다음에 남은 찌끼.
- 밀물 : 하루에 두번씩 바닷물이 해안으로 밀려 들어오는 현상. (반)썰물.
- 실속 : ① 겉으로 드러나지 않은 알찬이익. ② 실제의 내용.

밀기울	메밀묵	밀물
밀기울	메밀묵	밀물

빌리다	실속	실력자
빌리다	실속	실력자

- 질리다 : 질력나서 귀찮은 느낌이 들다.   - 질퍽 : 몹시 무른 바닥을 밟을 때 나는 소리.

| 일 | 요 | 일 | | 일 | 찍 | 이 | | 일 | 기 |
| 일 | 요 | 일 | | 일 | 찍 | 이 | | 일 | 기 |

| 질 | 문 | 지 | | 질 | 리 | 다 | | 질 | 퍽 |
| 질 | 문 | 지 | | 질 | 리 | 다 | | 질 | 퍽 |

- **칠전팔기** : 일곱 번 넘어져도 여덟 번 일어난다는 뜻으로 여러 번의 고난에도 굴하지 않고 분투함을 비유함.
- **칠흑** : 칠처럼 검고 광택이 있는 빛깔.
- **킬로미터** : 미터법의 길이 단위로 1km는 1000m
- **킬킬거리다** : 참으려다 참지 못하고 웃다.

칠	전	팔	기		칠	일		칠	흑
칠	전	팔	기		칠	일		칠	흑
킬	로	미	터		킬	킬	거	리	다
킬	로	미	터		킬	킬	거	리	다

- 스틸새시 : 내화구조물에 쓰이는 강철제 창틀.
- 악필 : 잘 쓰지 못한 글씨.
- 기필코 : 틀림없이. 반드시.
- 필사적 : 죽을 힘을 다 씀.(필사적인 저항)
- 힐책 : 꾸짖어 물리침.

| 스틸새시 | 악필 | 필요 |
| 스틸새시 | 악필 | 필요 |

| 기필코 | 필사적 | 힐책 |
| 기필코 | 필사적 | 힐책 |

힐	힐								
밀	밀								
필	필								
질	질								
릴	릴								
틸	틸								
일	일								
딜	딜								
킬	킬								
실	실								
닐	닐								
칠	칠								
빌	빌								
길	길								